Abeels Prix. Ingres. 1868 – Février – 17–18
Léopold Robert.
Loubon. Paul Flandrin

# TABLEAUX

## ANCIENS & MODERNES

## MARBRES

## OBJETS D'ART & DE CURIOSITÉ

### GRAVURES ENCADRÉES

PROVENANT DU CABINET

**De M. MARCOTTE GENLIS**

Ancien Receveur général



**EXPOSITION**

Le Dimanche 16 Février 1868

**VENTE**

Les Lundi 17 & Mardi 18 Février 1868

COMMISSAIRE-PRISEUR

Me SIBIRE, rue Montmartre, 129.

EXPERTS

M. Francis PETIT, rue Saint-Georges, 7;
M. DHIOS, rue Le Peletier, 33;
M. Charles MANNHEIM, rue Saint-Georges, 7.

RENOU & MAULDE
IMPRIMEURS DE LA COMPAGNIE DES COMMISSAIRES-PRISEURS
Rue de Rivoli, 144.

# CATALOGUE

DES

# TABLEAUX

## ANCIENS ET MODERNES

## MARBRES

## OBJETS D'ART & DE CURIOSITÉ

## GRAVURES ENCADRÉES

PROVENANT DU CABINET

## De M. MARCOTTE GENLIS

Et dont la Vente aura lieu

PAR SUITE DE SON DÉCÈS

## HOTEL DROUOT

SALLE N° 5

**Les Lundi 17 & Mardi 18 Février 1868,**

A DEUX HEURES PRÉCISES

EXPOSITION PUBLIQUE

***Le Dimanche 16 Février 1868,***

DE UNE HEURE A CINQ HEURES

COMMISSAIRE-PRISEUR

Me SIBIRE, rue Montmartre, 129.

EXPERTS

M. Francis PETIT, rue Saint-Georges, 7;
M. DHIOS, rue Le Peletier, 33;
M. Charles MANNHEIM, rue Saint-Georges, 7.

PARIS — 1868

## ORDRE DES VACATIONS

**Lundi 17 :**

LES TABLEAUX ANCIENS

M. DHIOS, Expert.

**Mardi 18 :**

LES TABLEAUX MODERNES

LES OBJETS D'ART ET DE CURIOSITÉ

LES GRAVURES

M. Francis PETIT
M. Charles MANNHEIM } Experts.

## CONDITIONS DE LA VENTE

Elle sera faite au comptant.

Les Acquéreurs paieront CINQ POUR CENT en sus du prix d'adjudication.

# TABLEAUX MODERNES

## ANTIGNA

1 — Le Coucher.

Forme ovale. — H. 81 c. L. 61 c.

## BALZE (Paul)

2 — Jeune Berger entraîné par des Nymphes.

H. 75 c. L. 1 m.

## BALZE (Rémond)

3 — Faune dansant devant des Nymphes.

H. 75 c. L. 100 c.

## BRASCASSAT

4 — Un Taureau dans un pâturage.

H. 44 c. L. 40 c.

## BRASCASSAT

5 — Paysage et Animaux. Vue de Milhau (Aveyron.)

H. 50 c. L. 60 c.

## BERRÉ

6 — Animaux au repos dans un pâturage.

H. 51 c. L. 67 c.

## BERRÉ

7 — Troupeau d'Animaux conduits par une paysanne.

H. 51 c. L. 67 c.

## CHARLET

8 — Les deux Amis.

H. 32 c. L. 24 c.

## COURDOUAN

9 — Environs d'Hyères.

Pastel.

## DAUZATS

10 — De Malaga à Grenade.

Aquarelle.

## DÉLAROCHE (Paul)

11 — Italien. Étude.

H. 32 c. L. 26 c.

## DELACROIX (A.)

12 — Naufragés.

H. 49 c. L 73 c.

## DELACOUR

13 — La place Saint-Marc et le Palais des Doges à Venise.

H. 32 c. L. 24 c.

## DELACOUR

14 — Petit Canal à Venise.

H. 32 c. L. 24 c.

## FLANDRIN (Paul)

15 — Paysage italien avec figures et animaux.

H. 35 c. L. 46 c.

## FLANDRIN (Paul)
## d'après Hippolyte FLANDRIN

16 — Jeune Fille tenant un médaillon à la main ; figure à mi-corps.

H. 62 c. L. 50 c.

## FLANDRIN (Paul)

17 — Charge de cavalerie.

Croquis, Plume.

## GUDIN

18 — Marine ; côtes d'Italie.

H. 30 c. L. 46 c

## INGRES

19 — Arétin.

Le poète Aretin reçoit avec dédain une chaîne d'or que lui envoie Charles-Quint.

(Exposition universelle 1855.)

H. 44 c. L. 36 c.

## INGRES

20 — Tintoret et Arctin.

Arétin ayant mal parlé du Tintoret, celui-ci l'invite à venir chez lui pour faire son portrait; avant de commencer, le Tintoret s'avance armé d'un long pistolet avec lequel il le mesure de la tête aux pieds en lui disant froidement: « Vous avez deux m sures et demie de mon pistolet. »

(Exposition universelle 1855.)

H. 44 c. L. 36 c.

## INGRES

21 — Étude pour le tableau de saint Symphorien.

H. 14 c. L. 20 c.

## INGRES (D'après)

22 — Françoise de Rimini.

H. 31 c. L. 27 c.

## INGRES (D'après)

23 — Raphaël et la Fornarine.

H. 31 c. L. 27 c.

## XAVIER-LEPRINCE

24 — Chasseur retrouvant son chien blessé.

H. 18 c. L. 26 c.

## LOUBON

25 — Animaux entrant dans un bac.

H. 72 c. L. 1 m. 10 c.

### LOUBON

26 — Ruines, près Martigues.

H. 74 c. L. 1 m. 32 c.

### LOTTIER

27 — Vue de Constantinople.

H. 24 c. L. 32 c.

### JUSTIN OUVRIÉ

28 — Le Port de Naples.

H. 37 c. L. 61 c.

### ULRICH

29 — Le Lac de Lucerne.

H. 51 c. L. 71 c.

### ULRICH

30 — Vue prise à Iselwald (Suisse).

H. 52 c. L. 73 c.

### ROBERT (Léopold)

31 — Le Pèlerinage.

Deux jeunes filles sont arrêtées au bord d'un chemin ; l'une d'elles retire une épine du pied de sa compagne.

H. 44 c. L. 55 c.

### ROBERT (Léopold)

32 — Le Chevreau.

Une jeune fille en costume de la Suisse tient dans ses bras un chevreau; deux enfants sont assis près d'elle.

H. 46 c. L. 57 c.

ROBERT (Aurèle)

33 — Femme suisse et son Enfant au bord d'un lac.

H. 40 c. L. 32 c.

ROBERT (Aurèle)

34 — Famille de Pêcheurs à Venise.

H. 40 c. L. 31 c.

SIMON

35 — Moutons au pâturage; Paysage de Provence.

H. 63 c. L. 1 m. 10 c.

VERBŒCKHOVEN (Louis)

36 — Plage de Scheveneingue.

H. 34 c. L. 47 c.

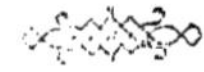

# TABLEAUX ANCIENS

### BAROCHE (École du)

37 — Repos en Égypte.

### BREUGHEL 1608 (Signé)

38 — Place d'un village, animée de nombreuses figures et chariots; dans le fond, un canal avec barques.

Précieux petit tableau du maître.

### BREUGHEL, le Vieux

39 — Villageois attablés à la porte d'un cabaret.

Porte le monogramme B et la date 1611.

### CRANACH (École de)

40 — Groupe de trois Figures.

### CRESPI

41 — La Lanterne magique.

42 — Danse de villageois; pendant du précédent.

### CUYLEMBURG

43 — Baigneuses près de ruines.

## CUYLEMBURG

44 — Nymphe endormie surprise par deux Satyres.

## DOUW (Simon Van). Signé

45 — Cavaliers orientaux; deux pendants.

46 — Amazone et Cavalier ; deux pendants.

## EVERDINGEN (Manière de)

47 — Paysage avec Chute d'eau.

## EYCK (École des Van)

48 — Mariage de la Vierge.

## FRANCIA (École de)

49 — La Vierge montrant à lire à l'Enfant Jésus.

## FRANCK et BREUGHEL

50 — Le Repos en Égypte.

A l'entrée d'une forêt, un groupe d'anges se tenant par la main, dansent en rond en présence de la Vierge tenant l'enfant Jésus sur ses genoux. Près d'elle, saint Joseph.

Gracieuse composition.

## FRANCK

51 — Scène historique.

GREUZE (JEAN-BAPTISTE)

52 — Le Départ des Volontaires conduits par le général Santerre.

Dessin à la plume lavé à l'encre de Chine.

GRYEF

53 — Chiens de chasse gardant du gibier, Deux pendants.

GUARDI (Manière de)

54 — Vue de Venise.

GUARDI (D'après)

55 — Vue du pont de Rialto à Venise.

DE HERT

56 — Halte de Cavaliers à la porte d'une hôtellerie, dans une rue de village.

HOLBEIN (École de)

57 — Portrait de Femme âgée.

I. V. H. (porte le monogramme)

58 — Assemblée joyeuse à la porte d'un cabaret.

KABEL (Manière de VAN DER)

59 — Deux Ports de mer italiens.

### MARATTI (Attribué à CARLO)

60 — Portrait de Femme.

### MICHAU

61 — Groupe de Bohémiens au milieu d'un paysage.

### MIÉRIS (École de FRANÇOIS VAN)

62 — Jeune Femme endormie près d'une table; dans le fond, un homme remet des pièces d'or à une vieille femme.

### MOLYN (PIERRE)

63 — Paysage avec chaumière.

### MORGENSTERN

64 — Intérieurs d'Églises. Deux pendants.

### MORGENSTERN

65 — Intérieur d'Eglise.

### NEER (Manière de VAN DER)

66 — Marine; clair de lune.

### OSTADE, 1642 (Signé ISAAK VAN)

67 — Patineurs sur une rivière glacée.

## OSTADE (Attribué à Isaack)

68 — Halte de cavaliers à la porte d'une hôtellerie.

## PALAMÈDES

69 — Scène d'intérieur. Deux Dames et quatre Cavaliers assis autour d'une table.

## PALAMÈDES

70 — Réunion de Dames et Seigneurs dans un salon.

## PATEL

71 — Paysage orné d'architecture. Mercure endormant Argus.

## POELEMBURG

72 — Mars et Vénus; dans le fond des Baigneuses.

## QUAST (P.)

73 — Le Chirurgien de village; composition de six figures.

Signé P. Q.

## RAPHAEL (École de)

74 — Sainte Famille et sainte Catherine d'Alexandrie.

## RAPHAEL (D'après)

75 — Mariage de la Vierge.

### RUYSDAEL (Salomon)

76 — Vue d'une ville maritime de Hollande.

### SASSO-FERRATO (École de)

77 — La Vierge et l'Enfant Jésus.

### SASSO-FERRATO (D'après)

78 — La Vierge et l'Enfant Jésus au milieu d'une gloire d'anges.

### STOCKLEIN

79 — Deux Intérieurs d'Église animées de nombreux personnages en costume du XVI^e siècle.

### STORCK

80 — Navires de haut-bord et Barques de pêcheurs à l'entrée d'un port.

### TAUNAY

81 — Danses de Bacchantes et de Satyres au milieu d'un paysage.

Gracieuse production de la plus ravissante qualité du maître.

### TAUNAY

82 — Paysage boisé avec pâtres conduisant des bestiaux.

TENIERS (DAVID). Signé

83 — Le Coin du feu.

TENIERS (École de)

84 — Intérieur; partie de musique.

TENIERS (École de)

85 — Extérieur de ferme.

TENIERS (École de)

86 — Paysage avec moulins.

TITIEN (D'après)

87 — Agar chassée par Abraham.



UDEN (VAN)

88 — Paysage avec mare d'eau.

VERNET (JOSEPH), 1773. Signé

89 — Marine; Port de mer.

Sur le premier plan plusieurs figures, barque et fontaine monumentale.

VITELLI (École de VAN)

90 — Vue d'une place publique en Italie, animée de nombreuses figures, muletiers et chariots.

### WILKIE (D'après)

91 — Le Péage des Fermiers.

### ÉCOLE ANGLAISE

92 — Mort du général Wolf.

### ANCIENNE ÉCOLE ALLEMANDE

93 — Sainte Anne, la Vierge et l'Enfant Jésus représentés assis dans une stalle gothique.

### ÉCOLE ALLEMANDE

94 — Déposition de croix.

### ÉCOLE ALLEMANDE

95 — Vieillard endormi dans son cabinet.

### ÉCOLE ALLEMANDE

96 — Vue de ville traversée par un fleuve.

### ÉCOLE ALLEMANDE

97 — Portrait de jeune Femme en costume du XVIe siècle.

### ÉCOLE ALLEMANDE

98 — Tête de Christ.

## ÉCOLE ALLEMANDE

99 — Les Bibliomanes. Deux pendants.

## ÉCOLE ALLEMANDE

100 — La Vierge et l'Enfant Jésus.

## ÉCOLE ALLEMANDE

101 — Saint Paul.

## ANCIENNE ÉCOLE FLAMANDE

102 — Deux petits Paysages de forme ronde.

## ÉCOLE FLAMANDE

103 — L'Alchimiste.

## ÉCOLE HOLLANDAISE

104 — Concert d'amateurs.

## ÉCOLE HOLLANDAISE

105 — Paysage avec ruines.

## ÉCOLE HOLLANDAISE

106 — Marine.

## ÉCOLE HOLLANDAISE

107 — Intérieur de Parc avec oiseaux.

## ÉCOLE HOLLANDAISE

108 — Portrait de jeune Femme.

## ÉCOLE ITALIENNE

109 — Latone et les Paysans.

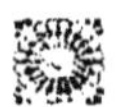

# OBJETS D'ART

ET

# DE CURIOSITÉ

## SCULPTURES

110 — Marbre blanc. Jolie statuette de femme debou sortant du bain. Elle est signée: *Stampanini. Roma, 1862.*

111 — Marbre blanc. Figure de Flore debout d'après l'antique. Grandeur demi-nature.

112 — Marbre blanc. Figure d'Apollon debout. Travàil de style antique.

113 — Marbre blanc. Figure de Pâris debout. Travail moderne.

114 — Marbre blanc. Figure de Satyre assis. Travail de style antique.

115 — Marbre blanc. Vénus au dauphin. Grandeur demi-nature. Beau travail moderne.

116 — Marbre blanc. Enfant nu assis sur un dauphin.

# OBJETS VARIÉS

117 — Beau Vase antique, à deux anses, en terre de Nola, à médaillon décoré en noir sur fond rouge représentant un personnage dans un bige. Au-dessus, frise de cavaliers au galop.

118 — Autre beau Vase antique en terre de Nola, décoré de figures debout et de palmettes en rouge sur fond noir.

119 — Trois Vases à anse et goulot à trèfle, en terre noire de Chiusi, décorés de mascarons et d'animaux en relief.

120 — Deux médaillons ovales, bustes du Christ et de la Vierge, en bronze doré, appliqués sur marbre blanc. Cadres en bois sculpté et doré. Époque Louis XIV.

121 — Deux Vases en porcelaine moderne de Sèvres, fond rouge et médaillons représentant le Triomphe de Vénus et d'Amphitrite.

122 — Soupière et Plateau en ancienne porcelaine de Saxe, à ornements gaufrés et décor d'oiseaux. Le couvercle est surmonté d'une figurine d'enfant.

123 — Pot à eau avec cuvette en ancienne porcelaine de Saxe décorés de fleurs.

124 — Trois Vases en porcelaine moderne de la Chine décorés de figures émaillées en couleurs.

125 — Deux Bras appliques à feuillages dorés et fleurs en porcelaine blanche.

## BRONZES ET MEUBLES

126 — Très-grand Cartel en bronze doré, modèle rocaille, enrichi de guirlandes de fleurs et orné à sa partie supérieure d'un groupe de deux figures de musiciens en costumes à la Watteau. Époque Louis XV.

127 — Grande Pendule avec socle-support en marqueterie de cuivre sur écaille noire garnie de bronze. Époque Louis XIV.

128 — Pendule analogue à celle qui précède, mais plus petite.

129 — Grand Meuble à hauteur d'appui à deux portes, en bois d'ébène sculpté à médaillons de personnages et ornements.

130 — Cabinet en bois noir incrusté d'ivoire gravé, à figures et ornements. Il est posé sur une table garnie d'un rang de tiroirs.

131 — Petit Cabinet en bois de couleurs enrichi d'ornements en relief et de colonnettes cannelées.

## TAPIS

132 — Très-grand Tapis de Smyrne à fond rouge et dessins de couleurs.

133 — Deux Tapis de Smyrne plus petits. Ils seront vendus séparément,

## GRAVURES ENCADRÉES

134 — Le Vœu de Louis XIII de Calamatta (avant la lettre).

135 — Portrait de Ingres de Calamatta (avant la lettre).

136 — Les Moissonneurs de Mercuri (avant la lettre).

137 — Sainte Amélie de Mercuri (avant la lettre).

138 — Portrait de Léopold Robert (avant la lettre).

139 — Et diverses autres Gravures.

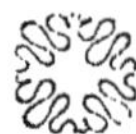

RENOU et MAULDE, imprimeurs de la Compagnie des Commissaires-Priseurs.
rue de Rivoli, 144. 11546

www.ingramcontent.com/pod-product-compliance
Ingram Content Group UK Ltd.
Pitfield, Milton Keynes, MK11 3LW, UK
UKHW020528180726
13839UKWH00005B/2382